# Aprender com MARIA

ROSA MARIA RAMALHO

# Aprender com MARIA
## A Mãe de Jesus e nossa também

Paulinas

Dados Internacionais de Catalogação na Publicação (CIP)
(Câmara Brasileira do Livro, SP, Brasil)

Ramalho, Rosa Maria
  Aprender com Maria, a mãe de Jesus e nossa também / Rosa Maria Ramalho. – São Paulo : Paulinas, 2016. – (Coleção crescer na fé. Série aprendendo com Jesus)

  ISBN 978-85-356-4224-7

  1. Literatura devocional 2. Maria, Virgem, Santa - Devoção I. Título. II. Série.

  16-07624                                      CDD-232.91

**Índice para catálogo sistemático:**
1. Maria, Mãe de Jesus : Devoção : Cristianismo    232.91

1ª edição – 2016
2ª reimpressão – 2022

Direção-geral: *Bernadete Boff*
Editora responsável: *Andréia Schweitzer*
Copidesque e revisão: *Ana Cecilia Mari*
Coordenação de revisão: *Marina Mendonça*
Gerente de produção: *Felício Calegaro Neto*
Projeto gráfico: *Manuel Rebelato Miramontes*
Produção de arte: *Jéssica Diniz Souza*
Ilustrações: *Ivan Coutinho*

*Nenhuma parte desta obra poderá ser reproduzida ou transmitida por qualquer forma e/ou quaisquer meios (eletrônico ou mecânico, incluindo fotocópia e gravação) ou arquivada em qualquer sistema ou banco de dados sem permissão escrita da Editora. Direitos reservados.*

**Paulinas**
Rua Dona Inácia Uchoa, 62
04110-020 – São Paulo – SP (Brasil)
Tel.: (11) 2125-3500
http://www.paulinas.com.br – editora@paulinas.com.br
Telemarketing e SAC: 0800-7010081
© Pia Sociedade Filhas de São Paulo – São Paulo, 2016

Para anjos, grandes e pequeninos,
isto é, meus amigos,
Aline e José.

Olá, meu nome é Gabriel e quero apresentar uma pessoa muito especial: seu nome é Maria. Maria é filha de Joaquim e Ana e mora em uma cidade chamada Nazaré.

# Atividade

Toda família é especial, um tesouro que recebemos de Deus. Está vendo este lindo porta-retratos? Desenhe nele a sua família.

Maria era noiva de um homem muito bom e justo, chamado José. Ele era carpinteiro e também vivia em Nazaré.

# Atividade

Todas as profissões são importantes e necessárias para a sociedade. A seguir, ligue cada profissional ao objeto correspondente a sua profissão.

Um dia, Deus me enviou para fazer um grande anúncio a Maria, o de que ela seria a Mãe de Jesus, o Salvador. Maria não teve medo de responder com um "sim" ao chamado de Deus.

# Atividade

Foi esta a resposta dada por Maria. Pinte as letras de forma que fiquem bem coloridas.

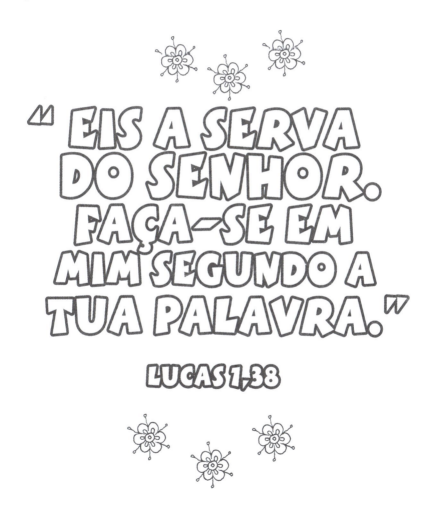

"Eis a serva do Senhor. Faça-se em mim segundo a tua palavra."

Lucas 1,38

Ao saber que sua prima Isabel também esperava um bebê, Maria foi ao encontro dela para ajudá-la. Isabel ficou muito feliz com a visita, e até o bebê, que ainda nem tinha nascido, alegrou-se.

# Atividade

A visita de Maria causou grande alegria em Isabel. Há algumas palavras que são mágicas, porque elas trazem coisas boas para nossa vida. Escreva nos balões as palavras correspondentes.

R.: Obrigada, com licença, desculpe.

O governador da época queria que fosse feita a contagem de todo o povo. Para isso, era necessário que cada pessoa voltasse para a terra onde tinha nascido. Como José era de Belém, Maria foi com ele para lá.

# Atividade

Encontre o caminho mais curto entre Nazaré e Belém.

Chegando em Belém, não havia mais lugar para eles nas hospedarias e, assim, Maria e José tiveram que ficar em uma gruta, local onde os animais se alimentavam e se abrigavam do frio. E aí nasceu Jesus! Pastores e importantes magos do Oriente foram visitar o Menino Jesus.

# Atividade

Os magos do Oriente trouxeram ouro, incenso e mirra para oferecer como presente para Jesus. E você, qual é o presente que quer dar a ele? Desenhe ou cole abaixo o seu presente para Jesus.

O rei Herodes não queria saber do menino, pois achava que ele iria tomar seu lugar. Assim, Maria e José tiveram que fugir com Jesus para o Egito. Só depois que o rei morreu é que puderam voltar para Nazaré. E ali Jesus crescia e, ao lado de Maria e José, aprendia muitas coisas.

# Atividade

Você também gosta de aprender, assim como Jesus? Procure no caça-palavras alguns dos ensinamentos de Jesus:

PERDÃO, AMOR, MISERICÓRDIA, ORAÇÃO, SERVIÇO, COMPAIXÃO, SOLIDARIEDADE, FÉ

Jesus cresceu e iniciou sua missão de anunciar que Deus ama a todos e que devemos viver o perdão, a partilha, a misericórdia, a compaixão. Maria estava sempre perto de seu Filho Jesus, ouvindo sua palavra e a colocando em prática.

# Atividade

Você sabe os nomes de todos discípulos de Jesus? Escreva-os nas linhas abaixo.

Dica: Veja os nomes dos apóstolos em sua Bíblia no Evangelho segundo Lucas 6,12-16.

Nem todos os discípulos eram a favor de Jesus e daquilo que ele ensinava. Por isso, Jesus foi traído e entregue aos poderosos, que o julgaram, condenaram e o crucificaram. Esta foi a grande dor de Maria, a espada que transpassou o seu peito.

Na cruz, Jesus dirige-se a sua mãe e a João, seu discípulo, e diz que dali em diante Maria seria a mãe de João e João seria o filho de Maria.

# Atividade

Esta é uma escultura famosa de Maria com seu filho morto em seus braços. Foi esculpida em 1489 por Michelangelo. Pesquise na internet quem foi Michelangelo.

Depois de três dias, Jesus ressuscitou e permanece vivo. Este é o motivo da nossa grande alegria!

# Atividade

Jesus prometeu enviar o Espírito Santo, e assim aconteceu. Cinquenta dias depois de sua ressurreição, os apóstolos estavam reunidos com Maria e o Espírito Santo veio sobre eles e todos ficaram repletos do amor de Deus!

A pomba é o símbolo do Espírito Santo. Vamos aprender a fazer uma pomba de origami para sempre lembrarmos que o Espírito Santo nos inspira a amarmos o nosso próximo e a fazermos o bem.

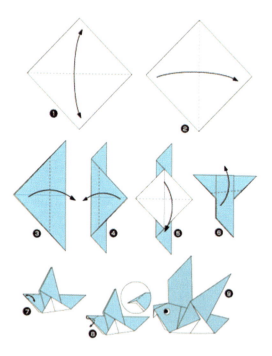

Maria foi levada ao céu e está junto de Deus e de Jesus intercedendo por nós. Chamamos Maria de Nossa Senhora por ela ser a Mãe de Jesus, nosso Senhor. Ela sempre nos leva até seu Filho Jesus, para que sejamos como ele.

# Aparições de Nossa Senhora

Nas páginas a seguir você vai encontrar algumas aparições de Maria pelo mundo.
Mostre o quanto ela é importante para a sua fé colorindo as ilustrações com cores bem bonitas.

# Rezando com Maria

## Ave-Maria

Ave, Maria, cheia de graça,
o Senhor é convosco,
bendita sois vós entre as mulheres
e bendito é o fruto do vosso ventre, Jesus.
Santa Maria, Mãe de Deus,
rogai por nós, pecadores,
agora e na hora da nossa morte.
Amém.

### Salve-Rainha

Salve, Rainha, Mãe de misericórdia,
vida, doçura e esperança nossa, salve!
A vós bradamos os degradados filhos de Eva.
A vós suspiramos, gemendo e chorando
neste vale de lágrimas.
Eia, pois, advogada nossa,
esses vossos olhos misericordiosos a nós volvei,
e depois deste desterro mostrai-nos Jesus,
bendito fruto de vosso ventre,
ó clemente, ó piedosa,
ó doce sempre Virgem Maria.

**V.** Rogai por nós, Santa Mãe de Deus.
**R.** Para que sejamos dignos das promessas de Cristo.

Amém.

## Magnificat
### (a oração de Maria na casa de sua prima Isabel)

A minha alma engrandece o Senhor,
e meu espírito se alegra em Deus, meu Salvador,
porque olhou para a humildade de sua serva.
Todas as gerações, de agora em diante, me chamarão feliz,
porque o Poderoso fez para mim coisas grandiosas.
O seu nome é santo,
e sua misericórdia se estende
de geração em geração sobre aqueles que o temem.

Ele mostrou a força de seu braço:
dispersou os que têm planos orgulhosos no coração.
Derrubou os poderosos de seus tronos
e exaltou os humildes.
Encheu de bens os famintos,
e mandou embora os ricos de mãos vazias.
Acolheu Israel lembrando-se de sua misericórdia,
conforme prometera a nossos pais,
em favor de Abraão e de sua descendência, para sempre.
Amém.

## Consagração

Ó minha Senhora, ó minha Mãe,
eu me ofereço todo a vós,
e, em prova de minha devoção para convosco,
eu vos consagro neste dia
meus olhos, meus ouvidos,
minha boca, meu coração
e inteiramente todo o meu ser.
E como assim sou vosso,
ó incomparável Mãe, guardai-me
e defendei-me como filho e propriedade vossa.
Amém.

## Prece a Maria, Mãe de Jesus

Querida Mãe de Jesus e minha também,
quero aprender a amar a Jesus
e fazer tudo o que ele ensinou.
Cuidai de mim, Maria, para que eu
nunca deixe de ser
uma pessoa do bem.
Cuidai também da minha família,
dos meus amigos e de todas as pessoas que sofrem,
especialmente as crianças.
Quero seguir sempre os vossos exemplos
e estar sempre no vosso colo e na vossa proteção.
Amém!